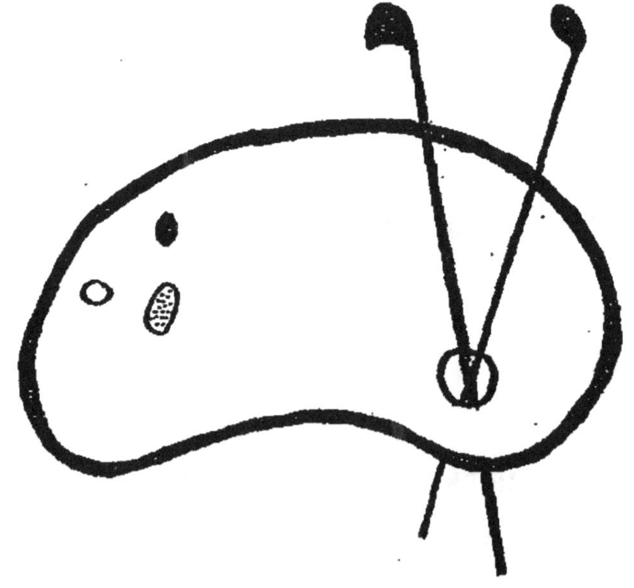

DÉBUT D'UNE SÉRIE DE DOCUMENTS
EN COULEUR

REVUE ARCHÉOLOGIQUE

PUBLIÉE SOUS LA DIRECTION

DE MM.

ALEX. BERTRAND ET G. PERROT

MEMBRES DE L'INSTITUT

GABRIEL MONOD

—

JAMES DARMESTETER

PARIS

ERNEST LEROUX, ÉDITEUR

28, RUE BONAPARTE, 28

—

1895

N. B. — Tout ce qui est relatif à la rédaction doit être adressé à M. Alexandre BERTRAND, de l'Institut, au Musée de Saint-Germain-en-Laye (Seine-et-Oise), ou à M. G. PERROT, de l'Institut, rue d'Ulm, 45, à Paris.

Les livres dont on désire qu'il soit rendu compte devront être déposés au bureau de la *Revue*, 28, rue Bonaparte, à Paris.

L'Administration et le Bureau de la *REVUE ARCHÉOLOGIQUE* sont à la LIBRAIRIE ERNEST LEROUX, 28, rue Bonaparte, Paris.

CONDITIONS DE L'ABONNEMENT

La *Revue Archéologique* paraît par fascicules mensuels de 64 à 80 pages grand in-8, qui forment à la fin de l'année deux volumes ornés de 24 planches et de nombreuses gravures intercalées dans le texte.

PRIX :

Pour Paris. Un an............ 30 fr.	Pour les départements. Un an.. 32 fr.
Un numéro mensuel............ 3 fr.	Pour l'Étranger. Un an....... 33 fr.

On s'abonne également chez tous les libraires des Départements et de l'Étranger.

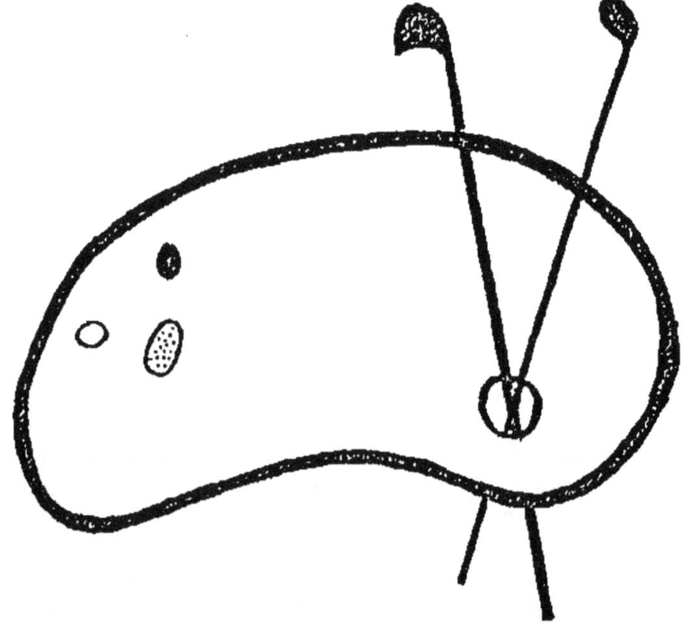

FIN D'UNE SÉRIE DE DOCUMENTS
EN COULEUR

JAMES DARMESTETER

La *Revue archéologique* n'a inséré que deux articles de James Darmesteter, l'un sur l'*Avesta* de M. A. Hovelacque (1880, II, p. 383), l'autre, très important dans sa brièveté, sur les *Gandharven-Kentauren* de M. E. H. Meyer. Mais cet orientaliste éminent, qui fut en même temps un admirable écrivain, occupe une trop grande place dans l'histoire de la science contemporaine pour que l'on n'ait pas ici le devoir de jeter un coup d'œil d'ensemble sur ses travaux.

Nous reproduisons le bel article nécrologique que son collègue et ami, M. Monod, consacrait à James Darmesteter dans le *Journal des Débats* du 15 novembre 1894 (édition du soir) et qui a reparu, avec quelques développements nouveaux, dans la *Revue historique* du 1er janvier 1895. — [*Réd.*]

James Darmesteter était le fils d'un pauvre relieur juif de Château-Salins, médiocrement instruit et d'une santé débile, mais qui avait le culte de la science et rêvait de voir ses fils suivre les traditions de leur famille maternelle, les Brandeis, qui avait fourni à la communauté juive de Prague une longue série de docteurs. De quatre enfants, M. Cerf Darmesteter n'en conserva que deux : Arsène, né en 1846, et James, né en 1849, et ce dernier était si chétif qu'il semblait impossible qu'il pût vivre. Quand on songe à tout ce qu'il a accompli en si peu d'années, à ses écrits, à ses voyages, à son enseignement, en dépit d'une faiblesse physique extrême, et d'organes gênés dans leur fonctionnement par l'exiguïté et la structure défectueuse de son corps, son existence même et son activité nous apparaissent comme un miracle. M. Cerf Darmesteter vint dès 1852 se fixer à Paris, espérant y trouver plus de facilités de travail et plus de ressources pour l'éducation de ses fils. Sur le premier point, il fut cruellement déçu et sa vie ne fut plus qu'une longue et cruelle lutte contre la misère; mais grâce à la solidarité bienfaisante qui unit les membres de la communauté juive, il put assurer à ses fils le privilège d'une solide instruction, d'abord à l'école supérieure du consistoire israélite où Arsène acheva ses études, puis pour James au lycée Charlemagne et au lycée Condorcet.

Si James dut à l'enseignement du lycée le développement de ses qualités littéraires, c'est à sa première éducation hébraïque et à l'influence de son frère qu'il dut le développement de ses aptitudes philosophiques et philologiques. — Tout juif qui pense est préparé à s'intéresser plus que d'autres aux grands problèmes religieux, historiques, ethnographiques et linguistiques. Il appartient à une race qui est de toutes la plus cosmopolite à la fois et la plus pure d'éléments étrangers, la plus fortement attachée à ses traditions; à une race restée profondément orientale par certains côtés et conservant le sentiment vivant de son antiquité, tout en étant devenue foncièrement occidentale et moderne par d'autres; à une race qui a été dans le monde la plus puissante et la plus féconde des forces religieuses et qui est aussi l'agent le plus actif de la vie commerciale, qui allie un don remarquable pour l'abstraction au sens le plus concret de la réalité, qui est comme le symbole vivant de toute une partie de l'évolution historique, philosophique et sociale de l'humanité et qui unit à la fidélité obstinée à son passé une entière liberté de spéculation. L'étude de l'hébreu, en rendant familière aux jeunes juifs une des langues dont le génie est le plus différent de celui de nos idiomes indo-européens, les prépare à l'intelligence des plus difficiles problèmes de la linguistique, et l'étude du Talmud les rompt à toutes les subtilités de la dialectique.

Si la critique philologique moderne est sortie tout entière de la critique théologique, il est aisé de concevoir combien la discipline des écoles rabbiniques peut favoriser les aptitudes philologiques et philosophiques. Arsène Darmesteter ne reçut pas d'autre instruction secondaire que celle du Talmud Tora de Paris, et James, dans la belle et touchante introduction biographique qu'il a mise en tête des *Reliques scientifiques* de son frère, a fait honneur à cette école de la sûreté et de la force avec lesquelles s'est manifestée, à peine au sortir de son adolescence, l'originalité scientifique de son aîné.

Celui-ci, en effet, esprit vigoureux, lucide et inventif, avait, déjà sur les bancs de l'école, rêvé d'étudier les gloses romanes qui se trouvent dans les commentaires talmudiques du moyen âge, et à peine eut-il été initié aux principes de la philologie romane par M. Gaston Paris, qu'il ouvrait à cette science des voies nouvelles en éclairant la vie des mots par les lumières de l'histoire et de la psychologie. L'amitié la plus étroite et la plus tendre unissait les deux frères. L'enthousiasme d'Arsène pour les études de linguistique, de philosophie religieuse, et d'histoire empêchait James d'attacher trop d'importance aux travaux purement formels et littéraires du lycée, malgré les brillants succès qu'il y obtenait, et lui révélait la beauté de ce monde de la science, le seul où le mot « vérité » ait tout son sens, où l'on entre en contact avec les réalités, et où l'on puisse espérer saisir les secrets de la vie. Arsène lui montrait aussi, dans la philologie, non une aride scolastique, une gymnastique pédantesque de l'esprit, mais une synthèse vivante de la linguistique, de la philosophie et de l'histoire.

James n'avait pas eu, comme Arsène, l'intuition immédiate de sa vocation; son intelligence, ouverte à toutes les curiosités, et capable de s'appliquer avec une égale facilité et une égale supériorité à toutes les formes de l'activité de l'esprit, avait hésité quelque temps entre les mathématiques, l'art dramatique et la philologie. L'influence de son frère, qui avait été nommé en 1872 maître de conférences à l'École des Hautes-Études, l'y fit entrer comme élève, cette même année, et, dès qu'il eut pris part aux conférences de M. Bréal et de Bergaigne, il connut sa voie: les études orientales et, en particulier, les études sur la langue et la littérature de l'ancienne Perse, domaine dans lequel les découvertes d'Eugène Burnouf attendaient depuis longtemps un continuateur. Au bout de peu de temps, il fut considéré, par ses professeurs, comme un collaborateur et, en 1875, son premier travail, *Haurvdtdt et Amerétdt*, où il expliquait |pour la première fois le sens et la nature de deux des divinités secondaires du panthéon iranien, révélait en lui un maître, le continuateur attendu de Burnouf.

Il eut la joie de voir son mérite tout de suite compris et reconnu, Dès 1877, il était appelé à enseigner le zend à l'École des Hautes-Études, et il justifiait ce choix en publiant un ouvrage sur *Ormazd et Ahriman* où il élucidait le problème capital de la mythologie persane. En même temps, M. Max Müller lui confiait le soin de traduire le *Zend Avesta* pour son recueil des *Livres sacrés de l'Orient*. En 1882, il était choisi comme secrétaire de la Société asiatique et succédait à Renan dans la tâche difficile de rendre compte tous les deux ans des travaux de toute nature publiés en France dans l'immense domaine des études orientales. En 1885, le Collège de France lui ouvrait ses portes, et le professeur de persan,. M. Barbier de Meynard, demandait à changer sa chaire contre celle d'arabe pour permettre à son jeune élève et ami d'enseigner les langues et la littérature de la Perse. En 1886, James Darmesteter partait avec une mission pour l'Inde et allait y étudier sur place les difficiles problèmes que soulève la langue afghane. Ce voyage eut quelque chose de triomphal. Il fut reçu par les autorités de l'Inde, par les chefs afghans et par les Parsis, ces derniers sectateurs de Zoroastre, comme le représentant de la science de l'Occident qui venait révéler à l'Orient le secret de ses origines. C'était un spectacle d'une majesté étrange et touchante de voir ce frêle rejeton d'une race si longtemps persécutée et dédaignée, consulté avec respect par les prêtres des plus vieux cultes du monde, et leur exposant ses vues sur l'unité religieuse de l'humanité ; fêté par les chefs indigènes qui l'invitaient à des chasses au sanglier ou lui faisaient présent de manuscrits précieux, comme par les officiers et les fonctionnaires anglais qui lui expliquaient les rouages simples et puissants du gouvernement de leur immense empire ; gagnant la confiance de tous et recueillant les confidences des princes comme des mendiants.

Au retour de ce voyage au pays des Mille et Une Nuits,

une grande douleur l'attendait. Son frère, dont la vie intellectuelle et morale était si étroitement liée à la sienne, dont le foyer était le sien, ce frère dont il était si fier et sur qui il aimait à s'appuyer, fut enlevé, le 7 novembre 1888, à l'âge de quarante-deux ans, par une maladie de cœur. James, qui avait vu mourir son père en 1868 avant d'avoir recueilli la récompense des sacrifices faits à ces enfants, qui avait perdu dix ans plus tard sa mère par un affreux accident, n'aurait pas survécu à la rupture de ce dernier lien familial si, à ce moment, sa vie n'avait été, par miracle, soudain illuminée de bonheur et de poésie. La lecture des vers de Mlle Mary Robinson avait éveillé en lui une vive sympathie intellectuelle pour cette idéaliste, inspirée par un pessimisme compatissant, chez qui « la lucidité de la pensée accompagnait l'intensité du rêve ». Il avait deviné dans cette jeune femme, dont l'intelligence était, comme la sienne, méditative et scientifique, et qui interrompait la composition d'essais historiques fortement documentés pour laisser jaillir de son cœur de courts poèmes, où le don de l'expression pittoresque a sa source dans la spontanéité et la profondeur des émotions, une âme parente de la sienne. Dès qu'ils se connurent, ils comprirent qu'ils ne pouvaient plus vivre l'un sans l'autre. Tous ceux qui ont eu le privilège d'être les témoins de ce bonheur inattendu, exceptionnel, d'être reçus dans cet intérieur où tout était grâce, intelligence et poésie, en garderont le souvenir enchanté.

Dans ce bonheur tous deux trouvèrent des forces pour des œuvres nouvelles. Tandis que Mme Darmesteter, sans cesser d'être poète dans sa langue maternelle, prenait rang parmi les écrivains français par un charmant recueil de nouvelles et une brillante étude sur Froissart, James Darmesteter, dans ses *Lettres sur l'Inde* et dans ses deux volumes sur les *Chants populaires des Afghans*, faisant connaître les impressions pittoresques et les résultats scientifiques de son voyage en Orient, et il dédiait à sa jeune femme sa magistrale traduction française de l'*Avesta*, dont les trois volumes sont précédés de trois introductions où est résumée toute sa doctrine sur la religion des Perses et sur la composition de leurs livres sacrés. En 1893, l'Académie des inscriptions et belles-lettres lui décernait le prix biennal de 20,000 francs, et, s'il ne siégeait pas encore à l'Institut, où sa place était depuis longtemps marquée, c'est qu'on avait tenu à lui accorder, auparavant, la plus haute des récompenses dont l'Institut dispose.

Son énergie semblait décuplée par le bonheur. Il faisait face sans efforts à ses nombreuses tâches; dans son double enseignement au Collège de France et à l'École des Hautes-Études, dans ses écrits, dans ses conversations avec ses amis, il montrait une alacrité sereine qui écartait toute idée de fatigue et de maladie. Quand un éditeur intelligent lui offrit de diriger une grande Revue, il accepta avec joie cette occasion nouvelle d'agir. Il se sentait capable d'exercer par ses idées une influence bienfaisante sur ses contemporains, de servir par son talent les causes qui lui étaient chères : science, patriotisme, progrès moral. La nature lui refusait les moyens d'agir sur la foule par la parole. Il espérait agir par la plume. Une légère imprudence brisa tout à coup cet organisme trop fragile pour n'être pas toujours menacé et l'arracha subitement à ses travaux, à son bonheur, à ses projets, à ses espérances.

Faut-il cependant le plaindre et nous plaindre ? Ne devons-nous pas plutôt être reconnaissants qu'il ait pu, malgré sa débilité physique, accomplir en si peu d'années une œuvre aussi variée et aussi grande ?

Ses travaux sur la langue et la littérature de la Perse, dont les plus importants sont : *Haurvatât et Amerétat, Ormazd et Ariman*, les *Études iraniennes* (2 vol.), les *Chants populaires des Afghans* (2 vol.) et la traduction de l'*Avesta* (3 vol.), contiennent la partie essentielle de cette œuvre. Ils forment un ensemble imposant, dont le plan n'avait sans doute pas été tracé d'avance, mais qui a trouvé son unité dans la logique intérieure et organique de la pensée du maître, dans la sûreté d'une méthode qui poursuit sans relâche la solution de problèmes nettement posés,

Il y a tout un corps de doctrines qui ressort des travaux de J. Darmesteter. Dans ses *Études iraniennes*, il avait nettement séparé la langue de l'*Avesta*, à laquelle on donne improprement le nom de *zend*, du vieux perse des inscriptions, d'où découlent le pehlvi, le parsi qui est du pehlvi transcrit en caractères arabes, et le persan moderne. Dans l'introduction aux *Chants afghans*, il a montré dans l'afghan moderne une langue dérivée du zend et plus rapprochée du zend que le persan ne l'est du vieux perse, et il l'a dégagé de tous les afflux sémitiques, aryens ou persans qui avaient fait méconnaître sa véritable nature. D'autre part, dans ses travaux sur la religion des Perses, il a commencé par établir les rapports entre la religion primitive de l'Iran et celle de l'Inde, entre Ahura-Mazda ou Ormazd et Asura-Mitra, entre Ahriman et les démons de l'Orage, entre les Amschaspands et les Adityas, entre les bons génies aryens et les mauvais génies de la Perse; puis on voit les personnages de la mythologie iranienne se préciser, soit par opposition, soit par une sorte de travail intérieur, lorsque, par exemple, Ahriman se différencie d'Ormazd. Une première élaboration religieuse a lieu en Médie, et la religion des Mèdes est imposée aux Perses par la caste sacrée des Mages.

Ruiné un instant par la conquête d'Alexandre et les influences grecques, le zoroastrisme se reconstitue sous les Arsacides, et c'est au iiie siècle de notre ère, sous les premiers Sassanides, que ses livres liturgiques et religieux sont rédigés dans la forme sous laquelle ils nous sont parvenus, non sans quelques lacunes ; il devient alors une orthodoxie étroite et intolérante dont la conquête musulmane pourra seule délivrer la Perse. Avec une hardiesse que quelques critiques ont trouvée excessive, mais avec une pénétration à laquelle tous rendent hommage, Darmesteter a fait le partage dans ces livres, dépouillés de leur prestige fabuleux d'antiquité et ramenés à leur vrai caractère, entre les éléments anciens et les apports plus récents venus du brahamanisme, du bouddhisme, du judaïsme et du néo-platonisme.

Cette belle synthèse linguistique et mythologique, qui sera désormais le point de départ de toutes les études zendes, n'était pour Darmesteter que le centre des recherches qu'il poussait dans toutes les parties du domaine de l'orientalisme, comme les études orientales elles-mêmes étaient, à ses yeux, la clef de l'évolution religieuse de l'humanité, « seul fil conducteur qui permette de suivre l'évolution de la vie des peuples ». S'il avait choisi la Perse comme objet principal de ses recherches, ce n'était pas seulement parce qu'elle lui offrait des problèmes particulièrement difficiles, mais parce qu'elle est placée au carrefour de l'histoire orientale, au confluent de toutes les influences, parce qu'après avoir subi l'action de l'Inde et s'être mêlée aux civilisations de la Mésopotamie, de l'Asie Mineure, de la Grèce, de Byzance, de la Mongolie, elle a été délivrée du magisme par les Arabes, et est ensuite devenue, dans la civilisation dite arabe, l'élément créateur et vital.

Avec quelle sûreté de critique et quelle sagacité divinatrice il sut retrouver chez les poètes de la Perse musulmane l'âme de la Perse ancienne, libérée de l'orthodoxie morte de l'*Avesta* ! Avec quelle puissance de généralisation et quelle précision érudite il sut tracer un tableau d'ensemble de l'histoire de la Perse et des origines de la poésie persane !

Cette sûreté, cette précision, cette aptitude aux généralisations historiques ne le quittaient pas quand il faisait des incursions hors de son domaine particulier. Son article de la *Revue Bleue* sur le *Mahdi* (1885) est un résumé profond et original de toute l'histoire religieuse de l'Islam ; son travail sur les *Cosmogonies aryennes* ouvre des aperçus nouveaux sur les premiers systèmes philosophiques de la Grèce. Son essai sur le *Rôle de la France dans les études orientales*, ses rapports à la Société asiatique, nous le montrent non seulement érudit admirablement informé, mais critique compétent dans toutes les branches de l'orientalisme. Il a su parler, avec originalité, même de l'art chinois et japonais.

Toute cette science était si vivante, si pénétrée de pensée, d'âme, d'imagination, qu'elle s'exprimait sans effort dans la langue la plus brillante et la plus colorée. Il est peu de livres

d'érudition d'une lecture aussi attrayante et aussi sugges-
tive. C'est qu'il y avait en Darmesteter autre chose qu'un
savant ; il y avait un lettré consommé, et, de plus, une
nature morale d'une valeur exceptionnelle, une âme d'apôtre.
Ses qualités de lettré, elles se font jour dans tout ce qu'il a
écrit, mais principalement dans l'étude sur le *Théâtre anglais*
et sur *Shakespeare*, qui précède son édition de *Macbeth*, et
qui a été réimprimée dans son volume d'*Essais de littérature
anglaise*, avec des chapitres délicats et profonds sur *Byron*, sur
Wordsworth, sur *Browning*. Son âme d'apôtre, elle perce partout
aussi dans son œuvre, mais elle a trouvé ses accents les plus
éloquents dans ses *Prophètes d'Israël*.

Ce n'est qu'un recueil d'articles sur la littérature prophétique
et sur l'histoire des juifs, mais l'unité de pensée et de sentiment
fait l'unité du livre. Profondément religieux, bien qu'il eût perdu
toute foi dans les dogmes, aimant la France avec un patriotisme
que nos malheurs avaient endolori et exalté, et conservant au
fond du cœur un pieux attachement aux traditions d'Israël, il
crut trouver dans la Bible et dans l'histoire juive la doctrine
morale et philosophique dont la France avait besoin, qui pouvait
satisfaire des esprits où la foi chrétienne disparue n'a été rem-
placée par aucun idéal nouveau, et relever les cœurs écrasés par
la défaite et énervés par le scepticisme. Les Prophètes sont des
prédicateurs de pureté, de charité et de justice; l'histoire juive a
été dominée par deux idées que Jérusalem a léguées au monde:
l'*unité divine* et le *messianisme*; idées dont l'expression moderne
est : *unité de loi* et *progrès*. L'unité de loi est la base de toutes
nos conceptions scientifiques; l'idée de progrès résume toute
la philosophie française du xviiie siècle. La justice est l'idéal
auquel tendent tous nos réformateurs sociaux. Cet idéal ne
sera atteint que par la charité et la pureté morale. — C'est une
illusion sans doute de demander au monde de se remettre à
l'école d'Isaïe, de Jérémie et d'Ézéchiel; c'est une étroitesse
aussi d'exclure du nombre des Prophètes le dernier et le plus
grand d'entre eux, celui qui est venu « pour accomplir les prophé-

ties » ; mais étroitesse pardonnable au descendant de Raschi, illusion touchante et admirable quand on voit de quel amour de la patrie française elle est née !

Ce patriotisme a été une des inspirations dominantes, je dirais presque l'inspiration dominante de la vie de Darmesteter. S'il s'occupe de la Perse antique, c'est pour conserver au pays d'Anquetil-Duperron et de Burnouf la maîtrise dans les études zendes ; s'il écrit sur la littérature anglaise, c'est qu'il pense que la France a plus à apprendre de l'Angleterre que de l'Allemagne ; quand il va dans l'Inde, il rêve avec douleur, « à tout ce que promettait de parfums et de couleurs le lotus indien marié à nos fleurs de lis, si nos rois n'avaient point trahi la destinée et si la France avait écouté l'appel de Dupleix et de Johanna Begum ». S'il parle du Mahdi, c'est pour indiquer à la France quelle doit être sa politique en pays musulman. En 1881, il publie, sous le pseudonyme de Lefrançais, un volume de *Lectures patriotiques* qui est le plus beau livre de récits historiques qui ait été écrit pour les enfants de nos écoles. En 1889, il fait entendre des protestations indignées contre une littérature de scandales « qui verse à la France le poison dont s'enivrent les peuples qui consentent à périr ». En 1892, il stigmatise d'un fer rouge ceux qui en 1870 ont, en Allemagne et en France, usé du mensonge pour lancer l'une contre l'autre deux nations faites pour travailler ensemble à l'œuvre de la civilisation. Quand il prend la plume pour la première fois dans la *Revue de Paris*, c'est pour rappeler à tous nos partis politiques leurs devoirs envers la patrie.

Oui, il y avait une âme d'apôtre et un cœur de héros dans cet être chétif dont la voix frêle et pourtant vibrante ne vous arrivait parfois « que comme un souffle à travers de la ouate ». Quelques-uns l'ont méconnu. Certains le croyaient timide, à cause de sa réserve un peu fière ; d'autres, trompés par un accent d'ironie, le jugeaient attristé et chagrin. C'était au fond un enthousiaste et un intrépide. Il l'a montré quand il partit pour l'Inde ; on le voit à chaque ligne de ses écrits.

Mais c'était aussi un doux, un tendre; il y avait en lui un composé exquis de raffinement et de candeur. Cet homme qui savait tout, qui jugeait tout, que le sentiment de sa supériorité préservait aussi bien de la morgue que de la fausse humilité, avait gardé ce qui, aux yeux de Michelet, était la marque du génie, « les dons du simple unis aux dons du critique, le don d'enfance ».

La France, qu'il a célébrée dans son héroïne Jeanne d'Arc et dans l'œuvre de justice et d'égalité de sa Révolution, pleurera la perte de la force morale et intellectuelle qu'elle possédait en lui; mais elle peut être fière d'avoir eu un enfant d'adoption tel que lui, aussi Français de cœur et de génie. Une personnalité comme celle de James Darmesteter nous fait sentir ce que notre pays a gagné à avoir su le premier, par sa législation équitable et humaine, ouvrir les portes de la cité à la race d'Israël, la plus rationaliste et la plus religieuse, la plus idéaliste et la plus pratique des races, dont les contrastes justifient tous les jugements opposés qu'on porte sur elle. Darmesteter, qui gardait vis-à-vis du christianisme une attitude de réserve défiante mêlée d'une secrète sympathie, comme le prouve son beau poème en prose, *La chute du Christ*, nous fait penser à Nathanaël, ce disciple inconscient de Jésus. A lui aussi le Christ aurait pu dire : « Voici un véritable Israélite, dans le cœur de qui il n'y a point de fraude. »

Si courte, si brusquement interrompue qu'ait été l'existence de James Darmesteter, nous pouvons la dire belle et heureuse. Il a connu toutes les joies de l'esprit; il a connu toutes les affections du cœur, et cet amour des âmes, « le seul qui n'ait pas de déception », comme il disait à propos de deux héros de la poésie persane. Il laisse après lui une œuvre qui lui survivra; il laisse aussi un souvenir impérissable à ceux qui l'ont connu, et une gardienne fidèle de sa mémoire, dont la présence permet à ses amis de croire qu'il ne les a pas quittés tout à fait :

My life is such an urn.

That tender memories mould with constant touch,
Until the dust and earth of it they turn
To your dear image that I love so much :
A sacred urn, filled with the sacred past,
That shall recall you while the clay shall last[1].

Gabriel Monod.

(1) Mary Robinson, *Etruscan Tombs*.

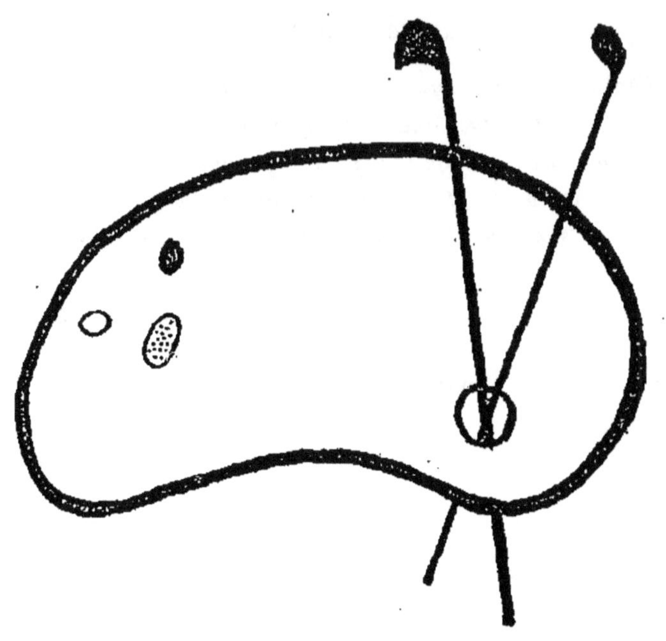

ORIGINAL EN COULEUR
NF Z 43-120-8